Ernst Probst

Die Allermündungs-Gruppe in der mittleren Bronzezeit

Eine Kulturstufe der Bronzezeit von etwa 1200 bis 1100 v. Chr.

Der GRIN Verlag publiziert seit 1998 wissenschaftliche Arbeiten von Studenten, Hochschullehrern und anderen Akademikern als eBook und gedrucktes Buch. Die Verlagswebsite www.grin.com ist die ideale Plattform zur Veröffentlichung von Hausarbeiten, Abschlussarbeiten, wissenschaftlichen Aufsätzen, Dissertationen und Fachbüchern.

Ernst Probst

Die Allermündungs-Gruppe in der mittleren Bronzezeit

Eine Kulturstufe der Bronzezeit von etwa 1200 bis 1100 v. Chr.

GRIN Verlag

Die Deutsche Bibliothek verzeichnet diese Publikation in der Deutschen Nationalbibliografie; detaillierte bibliografische Daten sind im Internet über http://dnb.d-nb.de/ abrufbar.

1. Auflage 2011
Copyright © 2011 GRIN Verlag GmbH
http://www.grin.com
Druck und Bindung: Books on Demand GmbH, Norderstedt Germany
ISBN 978-3-656-07088-7

Der dänische Archäologe
Christian Jürgensen Thomsen (1788–1865)
hat 1836 die Urgeschichte
nach dem jeweils am meisten verwendetem Rohstoff
in drei Perioden eingeteilt:
Steinzeit, Bronzezeit und Eisenzeit.

Ernst Probst

Die Allermündungs-Gruppe in der mittleren Bronzezeit

Eine Kulturstufe
von etwa 1200 bis 1100 v. Chr.

Widmung

Dr. Rolf Breddin, Potsdam
Professor Dr. Claus Dobiat, Marburg
Professor Dr. Markus Egg, Mainz
Professor Dr. Hans-Eckart Joachim, Bonn
Professor Dr. Albrecht Jockenhövel, Münster
Professor Dr. Horst Keiling, Schwerin
Professor Dr. Rüdiger Krause, Frankfurt/Main
Dr. Friedrich Laux, Hamburg
Professor Dr. Berthold Schmidt, Halle/Saale
Dr. Peter Schröter, München
Dr. Klaus Simon, Dresden
Dr. Otto Mathias Wilbertz, Hannover
gewidmet, die mich bei meinem Buch
»Deutschland in der Bronzezeit« (1996)
mit Rat und Tat unterstützt haben,
sowie der wissenschaftlichen Graphikerin
Friederike Hilscher-Ehlert

Inhalt

Vorwort

Rund 100 Jahre Urgeschichte von etwa 1200 bis 1100 v. Chr. passieren in dem Taschenbuch »Die Allermündungs-Gruppe in der mittleren Bronzezeit« in Wort und Bild Revue. Geschildert werden die Kleidung, der Schmuck, die Keramik, Werkzeuge, Waffen, das Verkehrswesen, der Handel und die Religion der damaligen Ackerbauern, Viehzüchter und Bronzegießer.

Verfasser dieses Taschenbuches ist der Wiesbadener Wissenschaftsautor Ernst Probst. Er hat sich vor allem durch seine Werke »Deutschland in der Urzeit« (1986), »Deutschland in der Steinzeit« (1991) und »Deutschland in der Bronzezeit« (1996) einen Namen gemacht.

Das Taschenbuch »Die Allermündungs-Gruppe in der mittleren Bronzezeit« ist Dr. Rolf Breddin, Professor Dr. Claus Dobiat, Professor Dr. Markus Egg, Professor Dr. Hans-Eckart Joachim, Professor Dr. Albrecht Jockenhövel, Professor Dr. Horst Keiling, Professor Dr. Rüdiger Krause, Dr. Friedrich Laux, Professor Dr. Berthold Schmidt, Dr. Klaus Simon und Dr. Otto Mathias Wilbertz gewidmet, die den Autor mit Rat und Tat bei den Recherchen über Kulturen der Spätbronzezeit unterstützt haben.

PAUL REINECKE,
geboren am 25. September 1872
in Berlin-Charlottenburg,
gestorben am 12. Mai 1958 in Herrsching.
Er wirkte 1897 bis 1908
am Römisch-Germanischen Zentralmuseum
in Mainz. 1908 bis 1937
war er Hauptkonservator
am Bayerischen Landesamt
für Denkmalpflege in München.
1917 wurde er kgl. Professor.
Reinecke teilte 1902 die Bronzezeit
in die Stufen A bis D ein.
1902 sprach er von der Straubinger Kultur
sowie von der Grabhügelbronzezeit
und später von der Hügelgräber-Bronzezeit.

Die Spätbronzezeit in Deutschland

Abfolge und Verbreitung der Kulturen und Gruppen

Heute ordnet man der Spätbronzezeit außer den Stufen Hallstatt A und B (etwa 1200 bis 800 v. Chr.) auch die Bronzezeit D (etwa von 1300 bis 1200 v. Chr.) zu, die vorher als letzte Stufe der Mittelbronzezeit galt. Die Stufenbezeichnung und Inhalte der Bronzezeit D, Hallstatt A und B entsprechen weitgehend der 1902 vorgenommenen Gliederung des damals in Mainz arbeitenden Prähistorikers Paul Reinecke (1872–1958).
Als die wichtigsten damaligen Kulturen in Deutschland gelten die Urnenfelder-Kultur, die Lausitzer Kultur und die nordische Bronzezeit, die sämtlich besonders große Gebiete einnahmen. Daneben gab es etliche kleinere Kulturen und Gruppen.
Baden-Württemberg, Bayern, das Saarland, Rheinland-Pfalz, Hessen, Teile Nordrhein-Westfalens (Niederrheinische Bucht) und Südthüringens gehörten von etwa 1300/1200 bis 800 v. Chr. zum Bereich der Urnenfelder-Kultur.[1] Diese war im Raum nördlich der Alpen verbreitet.
Im Niederrheinischen Tiefland Nordrhein-Westfalens existierte von etwa 1200 bis 750 v. Chr. die Niederrheinische Grabhügel-Kultur, eine Untergruppe der Urnenfelder-Kultur.

*Verbreitung der Kulturen und Gruppen während
der Spätbronzezeit (etwa 1300/1200 bis 800 v. Chr.)
in Süddeutschland und der mittleren Bronzezeit
(etwa 1200 bis 1100 v. Chr.) in Norddeutschland*

*So genannte »reiche Frau« der Urnenfelder-Kultur
auf einer von dem Münchener Historienmaler
und Altertumsforscher Julius Naue (1832–1907)
geschaffenen historischen Trachtenrekonstruktion*

OSCAR MONTELIUS,
geboren am 9. September 1843 in Stockholm,
gestorben am 4. November 1921 in Stockholm.
Er promovierte 1869,
wurde 1888 Professor und war von 1907 bis 1913
Reichsantiquar in Schweden.
Montelius teilte 1885
die nordische Bronzezeit in sechs Perioden
(Periode I bis VI)
und 1897 die Eisenzeit in acht Perioden
(Periode I bis VIII) ein.
Außerdem prägte er
schon im 19. Jahrhundert
den Begriff Nordischer Kreis der Bronzezeit,
von dem der heutige Name
nordische Bronzezeit abgeleitet ist.

Der schwedische Prähistoriker Oscar Montelius teilte 1885 die nordische Bronzezeit nach der typologischen Abfolge von Bronzeerzeugnissen (Gewandspangen, Rasiermesser, Schwerter, Gürteldosen) in sechs Perioden ein, die er mit römischen Ziffern von I bis VI kennzeichnete. Das auf seinen Erkenntnissen aufbauende Chronologieschema für Skandinavien und Norddeutschland sieht heute so aus:

Periode I (frühe Bronzezeit):
etwa 1800 bis 1500 v. Chr.

Periode II (ältere Bronzezeit):
etwa 1500 bis 1200 v. Chr.

Periode III (mittlere Bronzezeit):
etwa 1200 bis 1100 v. Chr.

Perioden IV und V (jüngere Bronzezeit):
etwa 1100 bis 800 v. Chr.

Periode VI (frühe Eisenzeit):
etwa 800 bis 500 v. Chr.

Für Norddeutschland gilt die bronzezeitliche Chronologie des schwedischen Prähistorikers Oscar Montelius (1843–1921). Ihr zufolge wird in Niedersachsen, Schleswig-Holstein, Mecklenburg-Vorpommern und im nördlichen Brandenburg die Zeit von etwa 1200 bis 1100 v. Chr. als mittlere Bronzezeit (Periode III) und die Zeit von etwa 1100 bis 800 v. Chr. als jüngere Bronzezeit (Perioden IV und V) bezeichnet. Die durch das Kulturgefälle in der Frühbronzezeit zwischen dem Süden und dem Norden bewirkte Phasenverschiebung von Bronzezeitstufen setzt sich also terminologisch fort.

In die mittlere Bronzezeit fallen in Niedersachsen die Lüneburger Gruppe, die Allermündungs-Gruppe (s. S. 19) und die Stader Gruppe, letztere aber nur noch mit wenigen sicher datierbaren archäologischen Funden.

In der jüngeren Bronzezeit gab es in Niedersachsen ebenfalls eine Anzahl von Regionalgruppen, so die Lüneburger Gruppe, die Stader Gruppe und die Ems-Hunte-Gruppe. In anderen Landstrichen Niedersachsens spricht man nur allgemein von der jüngeren Bronzezeit, obschon auch hier Ansätze für eine regionale Gliederung erkennbar sind.

In Schleswig-Holstein, Mecklenburg-Vorpommern, im Stader Bereich (Niedersachsen) und im nördlichen Brandenburg behauptete sich von etwa 1200 bis 1100 v. Chr. die nordische mittlere Bronzezeit und von etwa 1100 bis 800 v. Chr. die nordische jüngere Bronzezeit. Das Zentrum der nordischen Bronzezeit lag in Skandinavien.

Im Thüringer Becken existierte von etwa 1300/1200 bis 800 v. Chr. die Unstrut-Gruppe. Etwa zur gleichen

Zeit gab es in Sachsen-Anhalt die Helmsdorfer Gruppe und die Saalemündungs-Gruppe.

Sachsen und das südliche Brandenburg zählten von etwa 1300/1200 bis 500 v. Chr. zur Lausitzer Kultur und zum Kreis ihrer Nachfolgekulturen, zum Beispiel Billendorfer Kultur und Hausurnen-Kultur. Die Lausitzer Kultur war damals in Osteuropa heimisch.

FRIEDRICH LAUX,
geboren am 8. März 1938 in Roth bei Nürnberg.
Er arbeitete 1969
bei der Römisch-Germanischen Kommission
in Frankfurt/Main,
1970 bis 1975 am Museum Lüneburg,
1976/77 am Institut
für Vor- und Frühgeschichte in Saarbrücken
und wirkte von 1977 bis 2001
am Hamburger Museum für Archäologie.
Laux benannte 1971
den Sögel-Wohlde-Kreis
und die Lüneburger Gruppe
sowie 1987/90 die Südhannoversche Gruppe,
die Oldenburg-emsländische Gruppe
und die Allermündungs-Gruppe.

Stoßlanzen und Kurzschwerter

Die Allermündungs-Gruppe in der mittleren Bronzezeit

Südlich der Stader Geest existierte während der mittleren Bronzezeit von etwa 1200 bis 1100 v. Chr. im Bereich der Allermündung die nach dieser Gegend benannte Allermündungs-Gruppe. Sie gehörte wie die gleichaltrige mittelbronzezeitliche Lüneburger Gruppe zur Periode III in der Chronologie von Oskar Montelius (1843–1921).

Zum Verbreitungsgebiet der Allermündungs-Gruppe zählten die Gebiete der heutigen Landkreise Hannover, Nienburg/Weser, Diepholz, Verden, Soltau-Fallingbostel und teilweise der Kreis Hildesheim. Im Kreis Soltau-Fallingbostel und im Ostteil des Kreises Verden war in der älteren Bronzezeit noch die Lüneburger Gruppe heimisch. Den Begriff Allermündungs-Gruppe hat 1989 der Hamburger Prähistoriker Friedrich Laux eingeführt.

Welchen Einflüssen die mittlere Weserregion ausgesetzt war, wird an der Zusammensetzung des Depots von Landesbergen[1] (Kreis Nienburg/Weser) ersichtlich. Dieses wird zwar in die ältere Bronzezeit datiert, doch in der mittleren Bronzezeit herrschten dort sicherlich noch ähnliche Verhältnisse. Das Depot von Landesbergen besteht aus Schmuckstücken und Geräten. Eine solche Kombination ist typisch für den Südteil des Nordischen Kreises der Bronzezeit, also von Schleswig bis Stade.

19

Die kleinen Gürtelscheiben aus Landesbergen gehören zur Tracht der Stader Damen und – ebenfalls nördlich der Elbe – der Dithmarscher Damen, die längsgerippten Armbänder sind lüneburgisch. Die beiden norddeutschen Absatzbeile mit geradem Absatz sind nach Erkenntnissen von Friedrich Laux typisch für eine Werkstatt, die irgendwo im Gebiet zwischen Nienburg und Verden/Aller gearbeitet hat.

Das Depot von Landesbergen umfasste also Einheimisches (Absatzbeile), Stadisches (Gürtelscheiben), Lüneburgisches (Armbänder und Armring) sowie allgemein Nordisches (Zusammensetzung des Depots). Demnach nahmen die Menschen im Bereich der mittleren Weser von allen Seiten her Anregungen und Fertigprodukte auf. Nur die alltäglichen Geräte (Arbeitsbeile und wohl auch Sicheln) wurden vor Ort angefertigt.

Die Reste der drei bronzenen Sicheln aus dem Depot von Landesbergen veranschaulichen, dass später sicherlich auch die Angehörigen der Allermündungs-Gruppe Ackerbauern waren, die Getreide säten und ernteten. Daneben dürften sie wohl Viehzucht betrieben haben.

Von der Kleidung der Menschen dieser Gruppe blieben keine Stoffreste erhalten. Lediglich bronzene Fibeln und Nadeln konnten bisher gefunden werden. Die metallenen Haarknotenfibeln dienten den Frauen als Haarschmuck am Hinterkopf. Das weibliche Gewand wurde häufig durch Doppelradnadeln mit tropfenförmiger Öse zusammengehalten. Solche Doppelradnadeln waren zuvor auch von den Hügelgräber-Leuten in Osthessen getragen worden.

Zur Bewaffnung der Männer gehörten zunächst meistens Lanzen mit bronzenen Spitzen vom Lüneburger Typ mit Mittelrippe auf der Tülle. Nur in der Gegend von Hannover gab es ähnliche Lanzenspitzen ohne Mittelrippe. Die Stoßlanzen mit langem hölzernen Schaft und metallener Spitze wurden häufig durch längere bronzene Dolche ergänzt. Diese Ausrüstung entsprach weitgehend der Bewaffnung der mittelbronzezeitlichen Lüneburger Gruppe.

In einer Spätphase der Allermündungs-Gruppe ging man zu einer Bewaffnung aus Wurfspeer und Dahlenburger Kurzschwert, das nach einem Fundort in Niedersachsen bezeichnet ist, über. Die Wurfspeere haben eine bronzene Spitze mit langer Tülle und kurzem rhombischen Blatt. Solche Speerspitzen waren in der Gegend von Hannover eher die Seltenheit, dort bevorzugte man andere kleinere Formen.

Eine schwere bronzene Lanzenspitze fand man in einem der Gräber von Laatzen (Kreis Hannover), leichtere Speerspitzen dagegen in Tüchten bei Oyten (Kreis Verden) und im Stadtteil Westenholz von Walsrode (Kreis Soltau-Fallingbostel). Ein 29,9 Zentimeter langes Dahlenburger Kurzschwert kam zusammen mit der bereits erwähnten Lanzenspitze in Walsrode-Westenholz zum Vorschein.

Wie in der südlichen Lüneburger Heide gehörten auch im Verbreitungsgebiet der Allermündungs-Gruppe bronzene Haarknotenfibeln und Doppelradnadeln zur Schmucktracht der Frauen.

Foto auf Seite 23:

Zwei bronzene Lanzenspitzen, ein Dolch
und ein Kurzschwert
aus Laatzen (Kreis Hannover) in Niedersachsen.
Länge der Lanzenspitze links oben 30 Zentimeter.
Originale im Niedersächsischen Landesmuseum,
Hannover

23

Außerdem waren Schmuckstücke in Mode, die auf osthessische Einflüsse beziehungsweise Importe zurückgeführt werden können. Dazu zählten osthessische Halskragen aus Bronzeblech, Doppelradnadeln mit tropfenförmiger Öse und Stollenarmbänder mit sieben Rippen. Ein verzierter Halskragen, drei Doppelradnadeln und drei Stollenarmbänder mit sieben Rippen konnten in Gräbern des Ortsteils Elferdingen von Uetzingen (Kreis Soltau-Fallingbostel) geborgen werden.

Einzelne Armstulpen und Beinringe stammten aus Werkstätten des Ilmenau-Tales in der östlichen Lüneburger Heide. Die Beinringe wurden – nach Ansicht des Hamburger Prähistorikers Friedrich Laux – nicht von einheimischen Frauen getragen, sondern von solchen, die es durch Einheirat bis in die Gegend von Hannover »verschlagen« hatte. Denn die Beinringe sind den jungen Frauen angeschmiedet worden und konnten nicht täglich an- und abgelegt werden.

Die Schmuckstücke aus Osthessen und aus dem Ilmenau-Tal (Gegend von Uelzen und Lüneburg) dokumentieren Tauschgeschäfte mit dort heimischen Zeitgenossen. Vielleicht wurden die Tauschobjekte zumindest teilweise mit Wasserfahrzeugen auf der Ilmenau, Aller und Weser transportiert. Auch Wagen mit vorgespannten Zugtieren hat es damals sicherlich gegeben, obwohl die Speichenradreste aus dem Barnstorfer Moor im Kreis Diepholz[2] unsicher datiert sind.

Im Verlauf der mittleren Bronzezeit setzte sich im Verbreitungsgebiet der Allermündungs-Gruppe allmählich die Brandbestattung durch. Der Brauch, die Toten mit bronzenen Grabbeigaben zu versehen, endete erst zu Beginn der jüngeren Bronzezeit (Periode IV). Der Verzicht auf die Beigabensitte macht es den Prähistorikern nahezu unmöglich, weitere Aussagen über die Regionalgruppen der damaligen Zeit zu formulieren.

Gräber aus jener Zeit sind vom Mastbruchholz bei Laatzen[3] in der Gemarkung Grasdorf (Kreis Hannover) bekannt. Den dort bestatteten Männern hatte man jeweils eine Lanze und ein Kurzschwert mit ins Grab gelegt – einem davon zusätzlich noch eine Nadel –, obwohl ihre Leichname auf dem Scheiterhaufen verbrannt worden waren.

Ein 1914 abgetragener Grabhügel auf dem Wittenberg nördlich von Walsrode-Westenholz enthielt einen Baumsarg, der mit einer Packung von Rollsteinen bedeckt war. Den männlichen Toten hatte man zusammen mit einem 29,9 Zentimeter langen Dahlenburger Kurzschwert und einer Lanzenspitze vom Typ Südergellersen-Bahnsen auf dem Scheiterhaufen verbrannt. Danach ist seine Asche in einen Baumsarg geschüttet worden. Bei der zweiten Bestattung in demselben Grabhügel fand man eine Lüneburger Lanzenspitze.

Seltener als Beisetzungen von Männern wurden bisher solche von Frauen erkannt. Die Frauen waren ausschließlich mit aus der Lüneburger Heide stammenden Schmuckstücken beerdigt worden. So fanden sich in Frauengräbern beispielsweise bronzene Haarknotenfibeln (Lehrte-Ahlten, Kreis Hannover), eine (Esbeck,

Zeichnung auf Seite 27:

*Ein aufregender Moment im Leben jeder jungen Frau
der Lüneburger Gruppe in der mittleren Bronzezeit
(etwa 1200 bis 1100 v. Chr.)
war das Anschmieden
von bronzenen Hals-, Arm- und Beinringen.
Denn diese Schmuckstücke
wurden in heißem Zustand angebracht,
wobei es zu Verbrennungen oder Verletzungen
kommen konnte.
Zeichnung von Friederike Hilscher-Ehlert, Königswinter,
für das Buch »Deutschland in der Bronzezeit« (1996)
von Ernst Probst*

Kreis Hildesheim), ein Uelzener Armband (Nienburg, Kreis Nienburg/Weser) und Lüneburger Beinringe (Calenberg und Döhren, Kreis Hannover).

Eines der spätesten Gräber der Allermündungs-Gruppe kam in Tüchten bei Oyten[4] (Kreis Verden) zum Vorschein. Dort wurde die Brandbestattung bereits in einer tönernen Urne vorgenommen. Zu den Grabbeigaben gehörten eine angeschmolzene kleinköpfige bronzene Nadel vom Typ Deutsch Evern und eine nicht dem Feuer des Scheiterhaufens ausgesetzte Lanzenspitze vom Typ Südergellersen-Bahnsen.

Ersterer und letzterer Typ sind nach den Fundorten Deutsch Evern, Südergellersen (beide Kreis Lüneburg) und Bahnsen (Kreis Uelzen) in Niedersachsen benannt.

Anmerkungen

Die Spätbronzezeit in Deutschland
1] Die Zusammenstellung dieser Übersicht über die Verbreitung und Zeitdauer von Kulturen der Spätbronzezeit entstand mit Hilfe der Prähistoriker Friedrich Laux vom Hamburger Museum für Archäologie, Hamburg-Harburg, Berthold Schmidt vom Landesmuseum für Vorgeschichte, Halle/Saale, und Rolf Breddin vom Brandenburgischen Landesmuseum für Ur- und Frühgeschichte, Potsdam.

Die Allermündungs-Gruppe in der mittleren Bronzezeit
1] Das Depot von Landesbergen wurde im Frühwinter 1954 von dem Arbeiter Hans Saalborn auf dem Grundstück des Landwirts Fritz Sieling in einer Tiefe von etwa anderthalb Spatenstichen gefunden.
2] Die Speichenradreste aus dem Barnstorfer Moor wurden in den 1960-er Jahren von einem Landwirt aus Barnstorf beim Torfgraben gefunden.
3] Das Grabhügelfeld vom Mastbruchholz bei Laatzen in der Gemarkung Grasdorf wurde 1938 entdeckt und teilweise 1969 beziehungsweise 1973 untersucht.
4] Das Grab von Tüchten bei Oyten wurde am 1. April 1965 von den Landwirten Hinrich und Helmut Rippe aus Wümmingen-Rotlake aufgespürt.

Literatur

Die Spätbronzezeit in Deutschland
FILIP, Jan: Urnenfelderkultur. Aus: FILIP, Jan (Herausgeber): Enzyklopädisches Handbuch zur Ur- und Frühgeschichte Europas, Band 2, S. 1555, Stuttgart 1969
HORST, Fritz: Die Stämme der Lausitzer Kultur und des Nordens in der jüngeren Bronzezeit. Aus: HERRMANN, Joachim (Herausgeber): Archäologie in der Deutschen Demokratischen Republik, Denkmale und Funde, Band 1, S. 98–105, Stuttgart 1989
JOCKENHÖVEL, Albrecht: Die Bronzezeit. Aus: FRITZ, Rudolf-Herrmann / JOCKENHÖVEL, Albrecht (Herausgeber): Die Vorgeschichte Hessens, S. 195–243, Stuttgart 1990
KOLLING, Alfons: Späte Bronzezeit an Saar und Mosel, Saarbrücken 1968
METZLER, Alf / WILBERTZ, Otto Mathias: Bronzezeit. Aus: HÄSSLER, Hans-Jürgen (Herausgeber): Ur- und Frühgeschichte Niedersachsens, S. 155–192, Stuttgart 1991
PESCHEL, Karl: Die Gliederung der jüngeren Bronzezeit in Thüringen. Aus: COBLENZ, Werner / HORST, Fritz (Herausgeber): Mitteleuropäische Bronzezeit. Beiträge zur Archäologie und Geschichte, S. 87–120, Berlin 1978
SCHINDLER, Reinhard: Jüngere Bronzezeit (1200–700 v. Chr.). Aus: Führer durch das Rheinisches Landesmuseum Trier, S. 13–14, Trier 1968

SCHMIDT, Berthold: Die jungbronzezeitlichen Stämme im Elbe-Saale-Gebiet. Aus: COBLENZ, Werner / HORST, Fritz (Herausgeber): Mitteleuropäische Bronzezeit. Beiträge zur Archäologie und Geschichte, S. 122, Berlin 1978
STRUVE, Karl W.: Die jüngere Bronzezeit.Geschichte Schleswig-Holsteins. Aus: STRUVE, Karl W. / HINGST, Hans / JANKUHN, Herbert: Von der Bronzezeit zur Völkerwanderungszeit, Band 2, S. 97–144, Neumünster 1979
WAGNER, Karin: Studien über Kulturgruppierungen der Urnenfelderzeit im Saale-Unstrut-Gebiet. Jahresschrift für mitteldeutsche Vorgeschichte, Band 66, S. 31–49, Halle/Saale 1983
WEBER, Gesine: Die Urnenfelderzeit. Aus: Händler, Krieger, Bronzegießer. Bronzezeit in Nordhessen. Vor- und Frühgeschichte im Hessischen Landesmuseum in Kassel, Heft 3, S. 102–133, Kassel 1992

Die Allermündungs-Gruppe in der mittleren Bronzezeit
LAUX, Friedrich: Die mittlere Bronzezeit. Aus: Die Bronzezeit im mittleren Niedersachsen, Band 48. Führer zu vor- und frühgeschichtlichen Denkmälern, Hannover, Nienburg, Hildesheim, Alfeld, Teil I: Einführende Aufsätze, S. 82–85, Mainz 1981
LAUX, Friedrich: Zur älteren und mittleren Bronzezeit in Niedersachsen. Aus: Beiträge zur mitteleuropäischen Bronzezeit, Teil II, S. 290, Berlin/Nitra 1990
METZLER, Alf: Walsrode: Westenholz SFA. Bronzezeitlicher Grabhügel. Aus: HÄSSLER, Hans-Jürgen

(Herausgeber): Ur- und Frühgeschichte in Nieder-
sachsen, S. 538, Stuttgart 1991
SCHÜNEMANN, Detlef: Eine bronzezeitliche Lan-
zenspitze in einem Urnengrab bei Tüchten, Gem.
Bassen, Kr. Verden. Nachrichten aus Niedersachsens
Urgeschichte, Band 35, S. 75–77, Hildesheim 1966

Bildquellen

Klaus Benz, Fotograf, Mainz-Laubenheim: 37
Reproduktionen von Fotos aus dem Buch »Deutschland
in der Bronzezeit« (1996) von Ernst Probst: 14
(Antikvarisk-topografiska Arkivet, Stockholm), 18 (Dr.
Friedrich Laux, Hamburger Museum für Archäologie/
Helms-Museum, Hamburg-Harburg), 23 (Nieder-
sächsisches Landesmuseum, Hannover), 10 (Römisch-
Germanisches Zentralmuseum, Mainz)
Reproduktion einer Karte aus dem Buch »Deutschland
in der Bronzezeit" (1996) von Ernst Probst: 12 (Rainer
Veit, Mainz)
Reproduktionen von Zeichnungen aus dem Buch
»Deutschland in der Bronzezeit« (1996) von Ernst
Probst: 1 (Reproduktion aus Jorn Street-Jensen: Chri-
stian Jürgensen Thomsen und Ludwig Lindenschmit:
Eine Gelehrtenkorrespondenz aus der Frühzeit der
Altertumskunde (1853–1964), Mainz 1985), 13 (Repro-
duktion einer historischen Trachtenrekonstruktion des
Münchner Historienmalers und Altertumsforschers
Julius Naue, Foto: Prähistorische Staatssammlung,
München)
Zeichnung von Friederike Hilscher-Ehlert für das Buch
»Deutschland in der Bronzezeit« (1996) von Ernst
Probst: 27

Der Autor Ernst Probst

Ernst Probst, geboren am 20. Januar 1946 in Neunburg vorm Wald im bayerischen Regierungsbezirk Oberpfalz, ist Journalist und Wissenschaftsautor. Er arbeitete von 1968 bis 1971 als Redakteur bei den »Nürnberger Nachrichten«, von 1971 bis 1973 in der Zentralredaktion des »Ring Nordbayerischer Tageszeitungen« in Bayreuth und von 1973 bis 2001 bei der »Allgemeinen Zeitung«, Mainz. In seiner Freizeit schrieb er Artikel für die »Frankfurter Allgemeine Zeitung«, »Süddeutsche Zeitung«, »Die Welt«, »Frankfurter Rundschau«, »Neue Zürcher Zeitung«, »Tages-Anzeiger«, Zürich, »Salzburger Nachrichten«, »Die Zeit", »Rheinischer Merkur«, »Deutsches Allgemeines Sonntagsblatt«, »bild der wissenschaft«, »kosmos«, »Deutsche Presse-Agentur« (dpa), »Associated Press« (AP) und den

»Deutschen Forschungsdienst« (df). Aus seiner Feder stammen die Bücher »Deutschland in der Urzeit« (1986), »Deutschland in der Steinzeit« (1991), »Rekorde der Urzeit« (1992), »Dinosaurier in Deutschland« (1993 zusammen mit Raymund Windolf) und »Deutschland in der Bronzezeit« (1996). Von 2001 bis 2006 betätigte sich Ernst Probst als Buchverleger sowie zeitweise als internationaler Fossilienhändler und Antiquitäten-händler. Insgesamt veröffentlichte er mehr als 100 Bücher, Taschenbücher, Broschüren und E-Books.

Bücher von Ernst Probst

Affenmenschen
Von Bigfoot bis zum Yeti

Annie Oakley
Die Meisterschützin des Wilden Westens

Archaeopteryx. Der Urvogel aus Bayern

Christl-Marie Schultes. Die erste Fliegerin in Bayern
(zusammen mit Theo Lederer)

Cortés und Malinche. Der spanische Eroberer
und seine indianische Geliebte

Das Dinotherium-Museum Eppelsheim
Führer durch die Ausstellung
(zusammen mit Dr. Jens Lorenz Franzen
und Heiner Roos)

Der Europäische Jaguar

Der Mosbacher Löwe
Die riesige Raubkatze aus Wiesbaden

Der Rhein-Elefant
Das Schreckenstier von Eppelsheim

Der Schwarze Peter
Ein Räuber im Hunsrück und Odenwald

Der Ur-Rhein
Rheinhessen vor zehn Millionen Jahren

Deutschland im Eiszeitalter

Deutschland in der Frühbronzezeit

Deutschland in der Mittelbronzezeit

Deutschland in der Spätbronzezeit

Die Bronzezeit

Die Aunjetitzer Kultur in Deutschland

Die Straubinger Kultur in Deutschland

Die Adlerberg-Kultur

Die nordische Bronzezeit in Deutschland

Die Hügelgräber-Kultur in Deutschland

Die Bronzezeit in der Lüneburger Heide

Die Stader Gruppe

Die Urnenfelder-Kultur in Deutschland

Höhlenlöwen. Raubkatzen im Eiszeitalter

Johann Jakob Kaup
Der große Naturforscher aus Darmstadt

Julchen Blasius. Die Räuberbraut des Schinderhannes

Königinnen der Lüfte in Deutschland

Königinnen der Lüfte in Europa

Königinnen der Lüfte in Amerika

Königinnen der Lüfte von A bis Z

Königinnen des Tanzes

Malende Superfrauen

Meine Worte sind wie die Sterne
Die Entstehung der Rede des Häuptlings Seattle
(zusammen mit Sonja Probst)

Monstern auf der Spur. Wie die Sagen über Drachen,
Riesen und Einhörner entstanden

Österreich in der Frühbronzezeit

Österreich in der Mittelbronzezeit

Österreich in der Spätbronzezeit

42

Pompadour und Dubarry. Die Mätressen
von Louis XV.

Raub-Dinosaurier von A bis Z.
Mit Zeichnungen von Dmitry Bogdanav
und Nobu Tamura

Rekorde der Urmenschen
Erfindungen, Kunst und Religion

Rekorde der Urzeit
Landschaften, Pflanzen und Tiere

Säbelzahnkatzen. Von *Machairodus*
bis zu *Smilodon*

Säbelzahntiger am Ur-Rhein. *Machairodus*
und *Paramachairodus*

Seeungeheuer
Von Nessie bis zum Zuiyo-maru-Monster

Superfrauen aus dem Wilden Westen

Superfrauen 1 – Geschichte

Superfrauen 2 – Religion

Superfrauen 3 – Politik

Superfrauen 4 – Wirtschaft und Verkehr

Bestellungen bei: http://www.grin.com